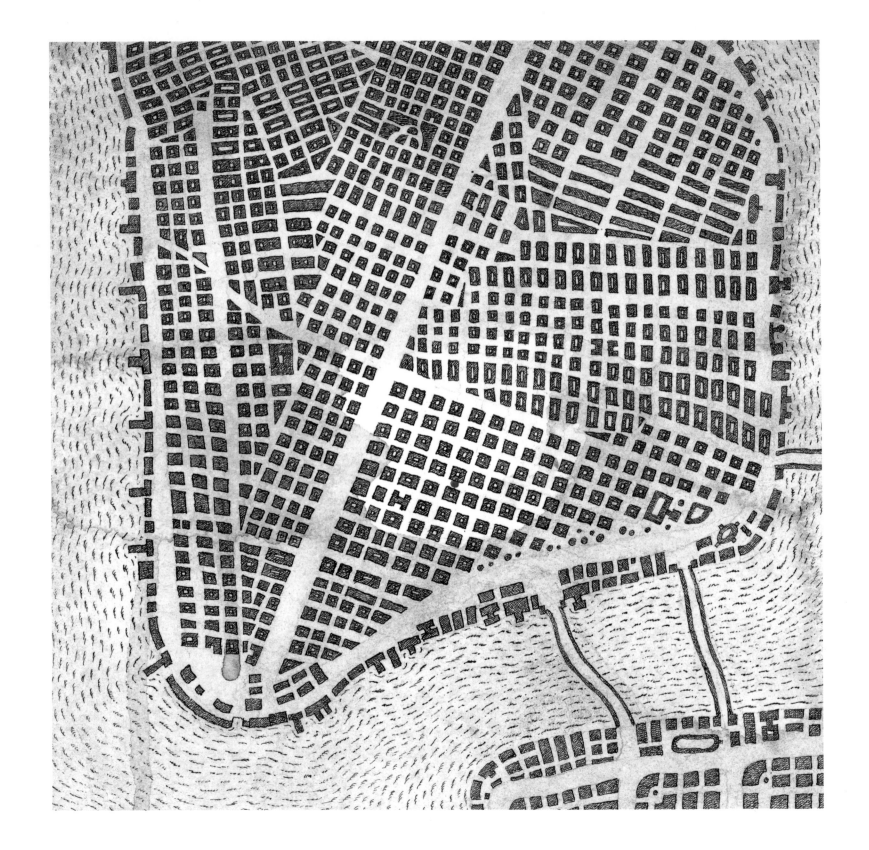

MADLENKA

Peter Sís

Editorial Lumen

un país, en una ciudad, en un edificio, en un piso, en una

En el Universo, en un planeta, en un continente, en

ventana, bajo la lluvia, una niña pequeña que se llama

Madlenka

descubre que se le mueve un diente.

Tiene que decírselo a todo el mundo.

¡Eh, atentos todos… tengo un diente suelto!

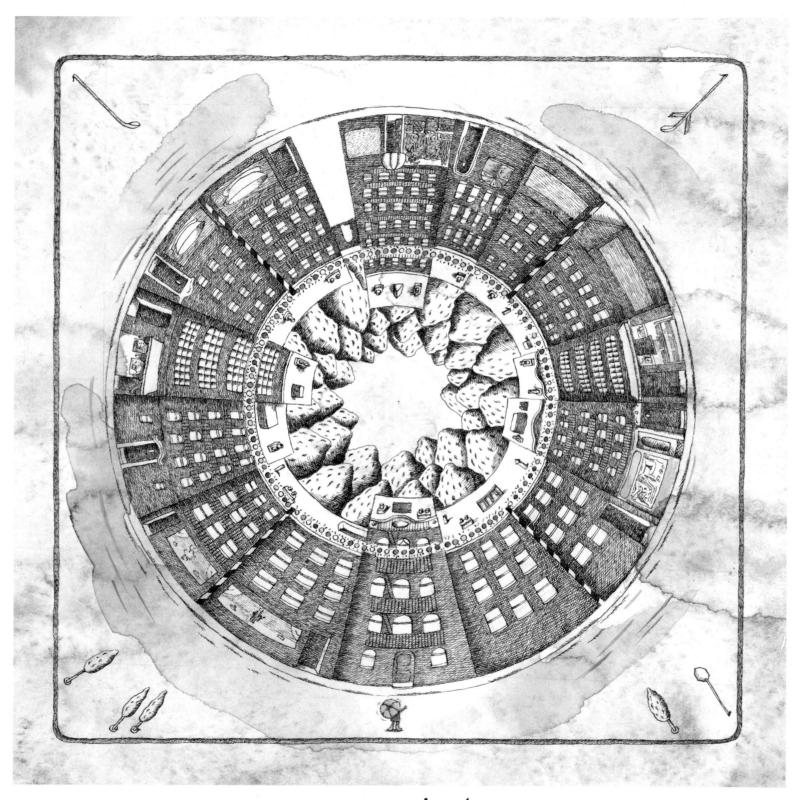

sueeeltooo

Dando saltos de alegría, baja a la calle

y ve a su amigo, el señor Gaston, panadero francés.

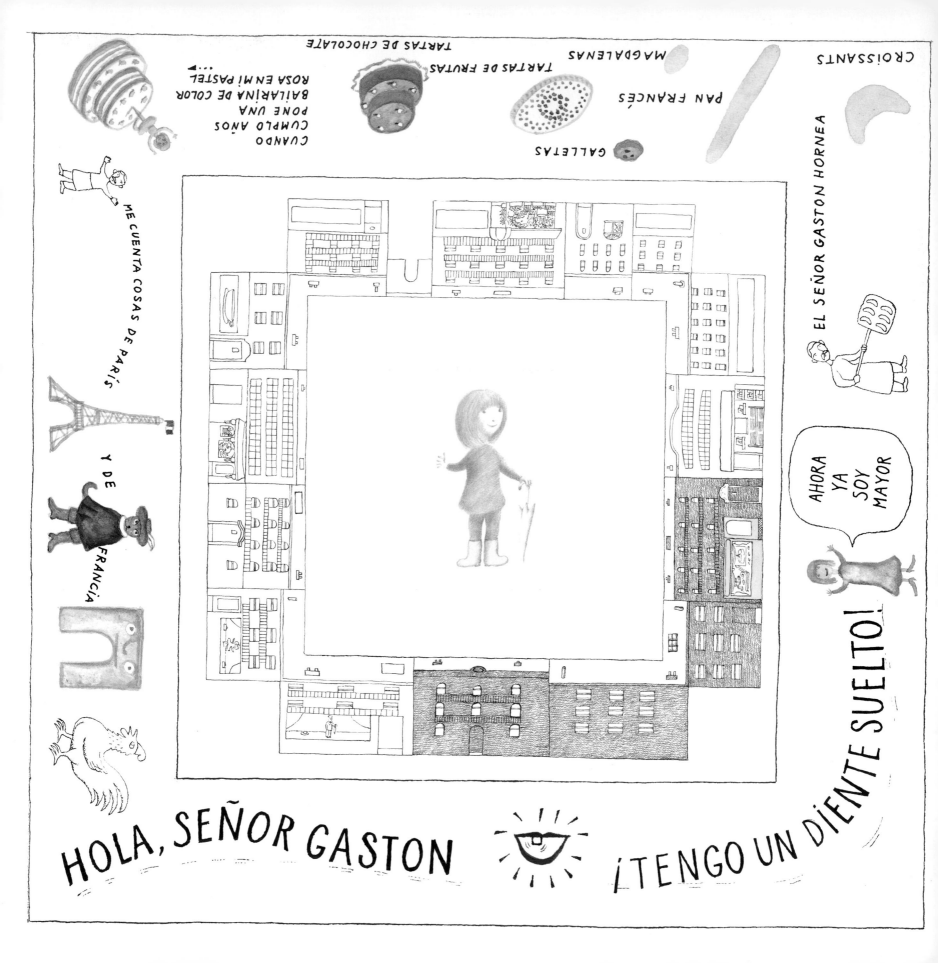

Bonjour, Madeleine. Vamos a celebrarlo.

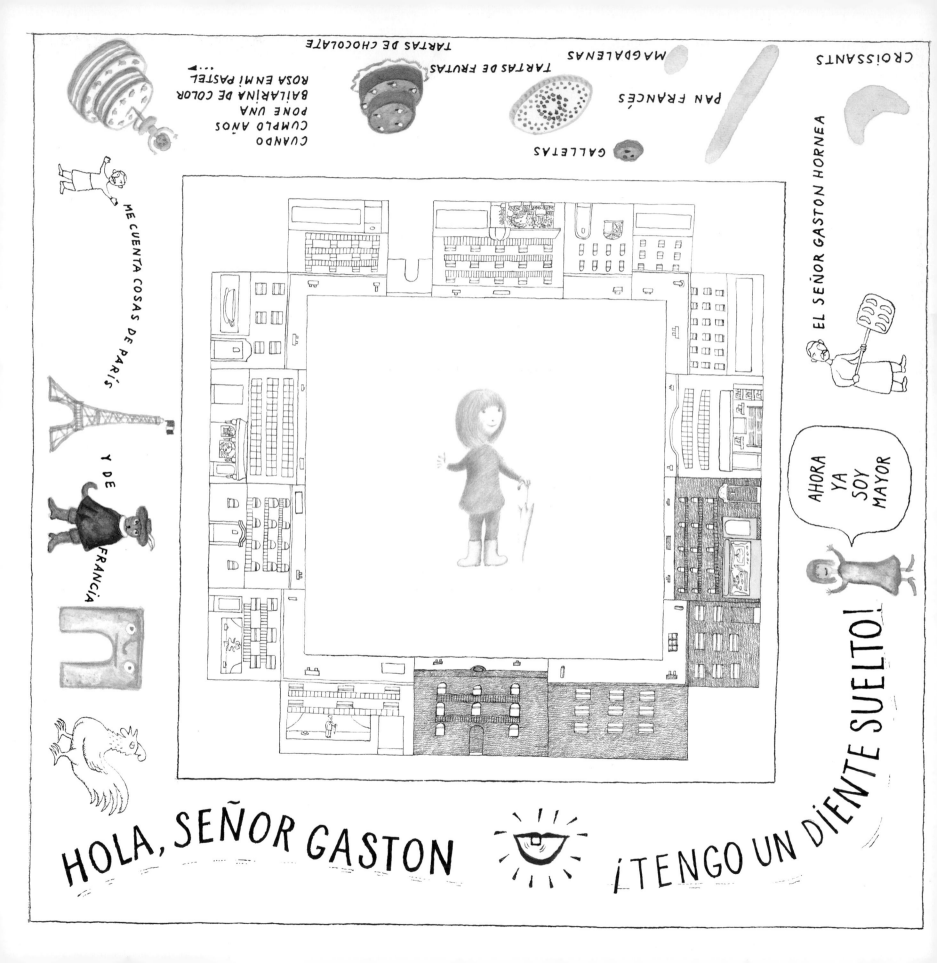

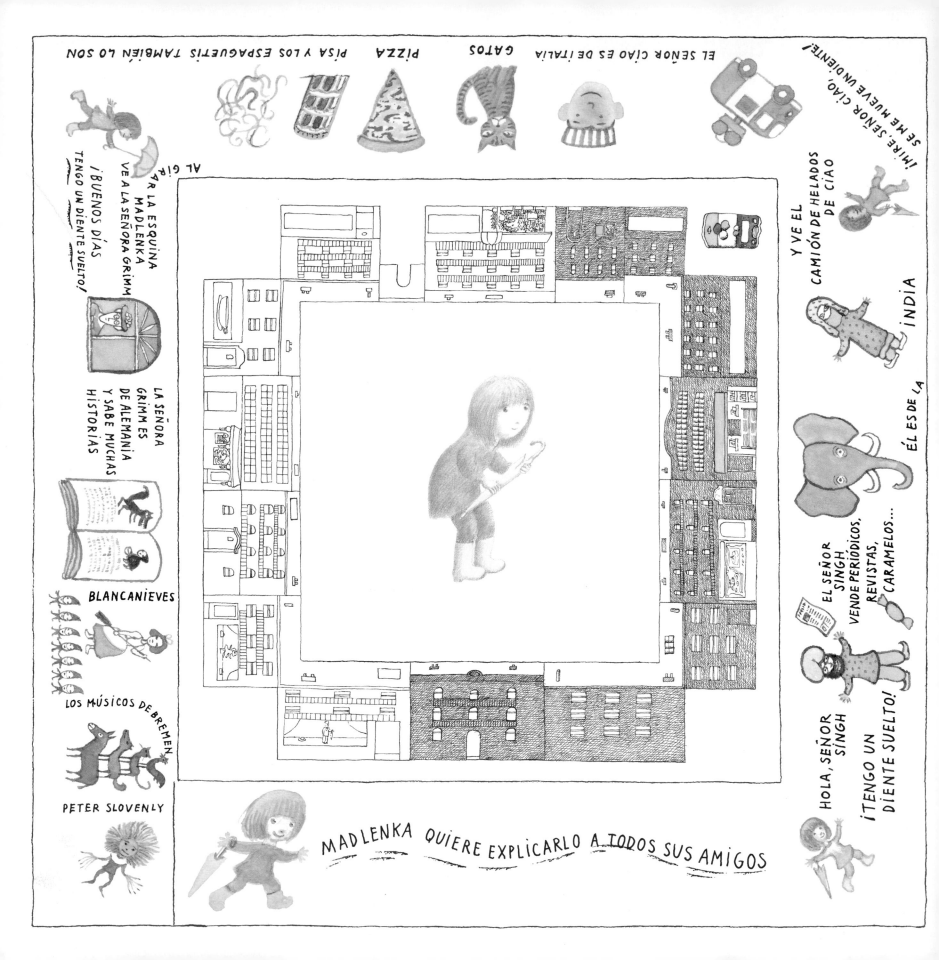

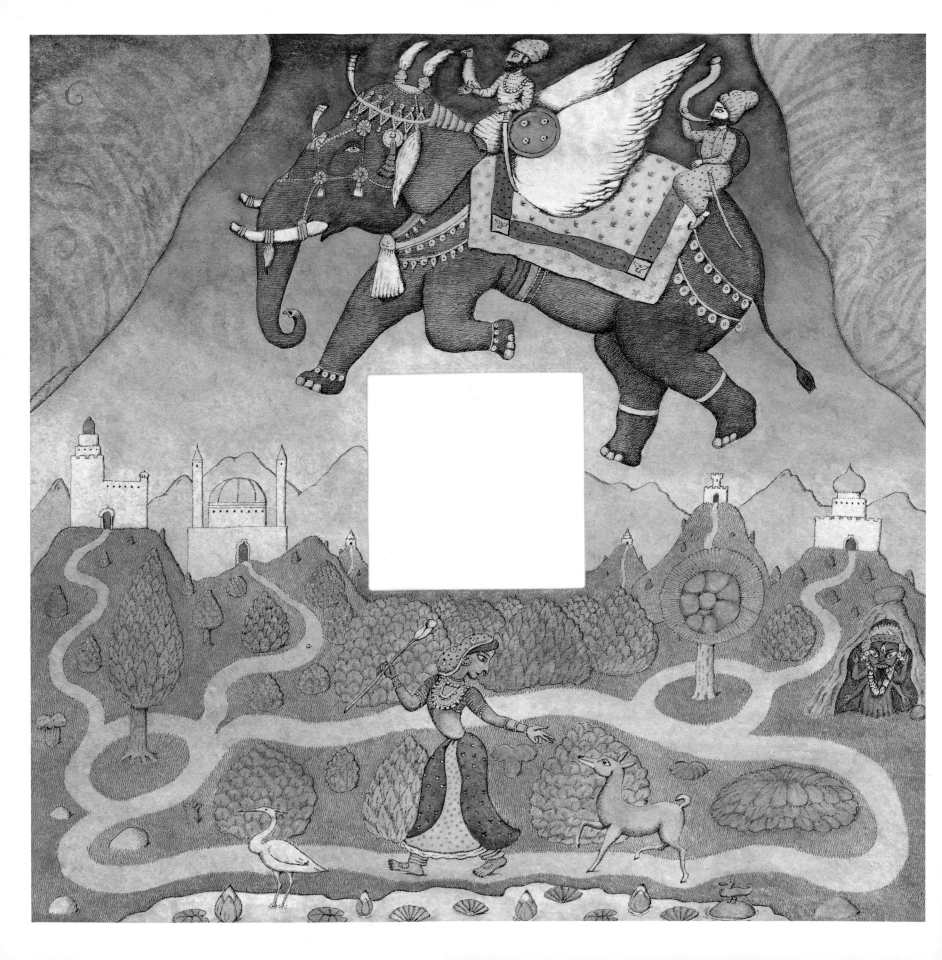

Sathsariakal, Madela. ¡Buenas noticias!

Buon giorno, Maddalena.
Pues te invito a un helado.

Guten Tag, Magda. Voy a contarte una historia.

Madlenka cree que ése ha de ser el mejor día de su vida.

Oh, ahí está el señor Eduardo, el verdulero.

PIRÁMIDES

GENTE

RÍOS

MONTAÑAS

EN AMÉRICA
LATINA TAMBIÉN
HAY

SERPIENTES

LOROS

JAGUARES

TAPIRES

MARIPOSAS

LLUVIA

SELVA

EDUARDO
TAMBIÉN
TIENE

PIÑAS

NARANJAS

MANZANAS

PLÁTANOS

MAÍZ

TOMATES

PATATAS

HOLA, EDUARDO

¡SE ME MUEVE UN DIENTE!

EDUARDO ES
DE AMÉRICA
LATINA

VENDE

FLORES

ÁRBOLES

PLANTAS

SU ALMACÉN PARECE
UNA SELVA TROPICAL

rita Magdalena!

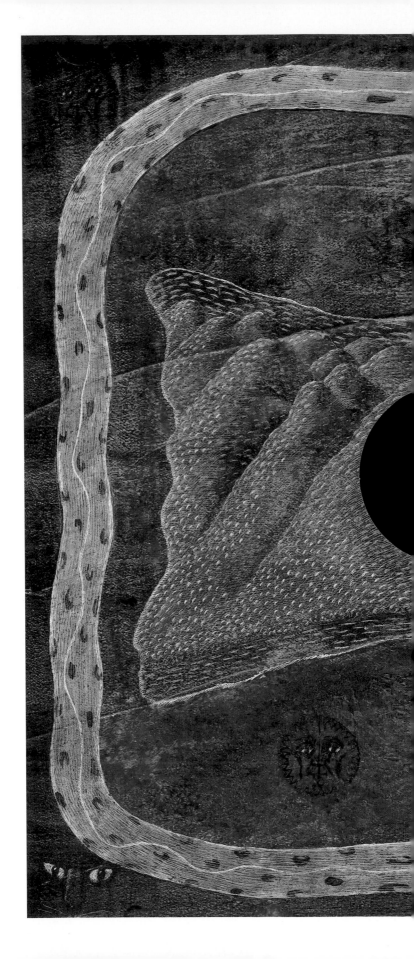

Hola, Magdalena, ¡Señorita Magdalena!

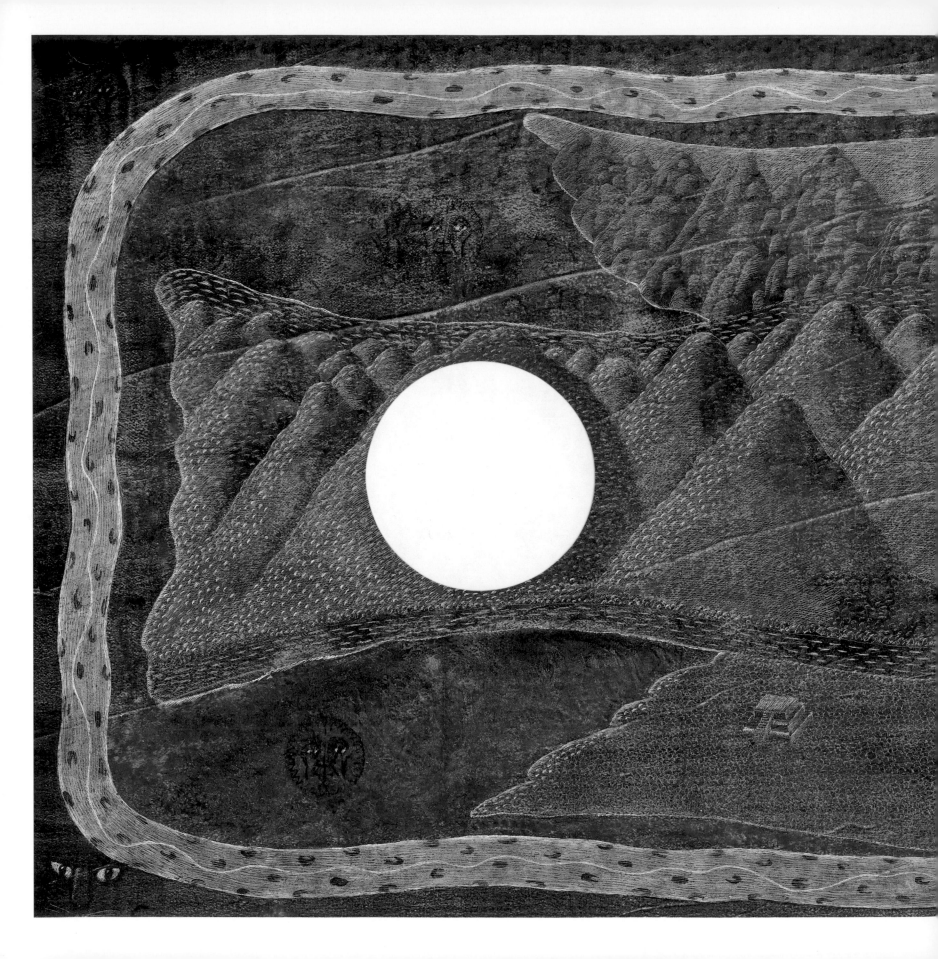

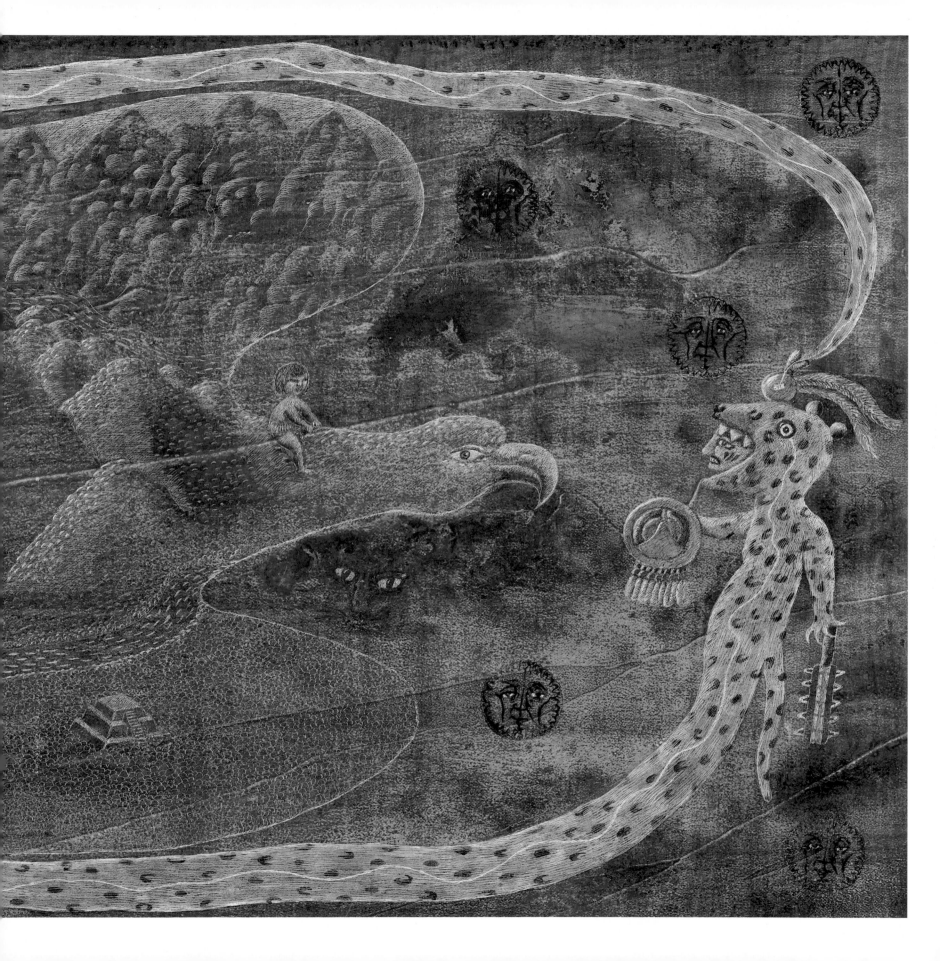

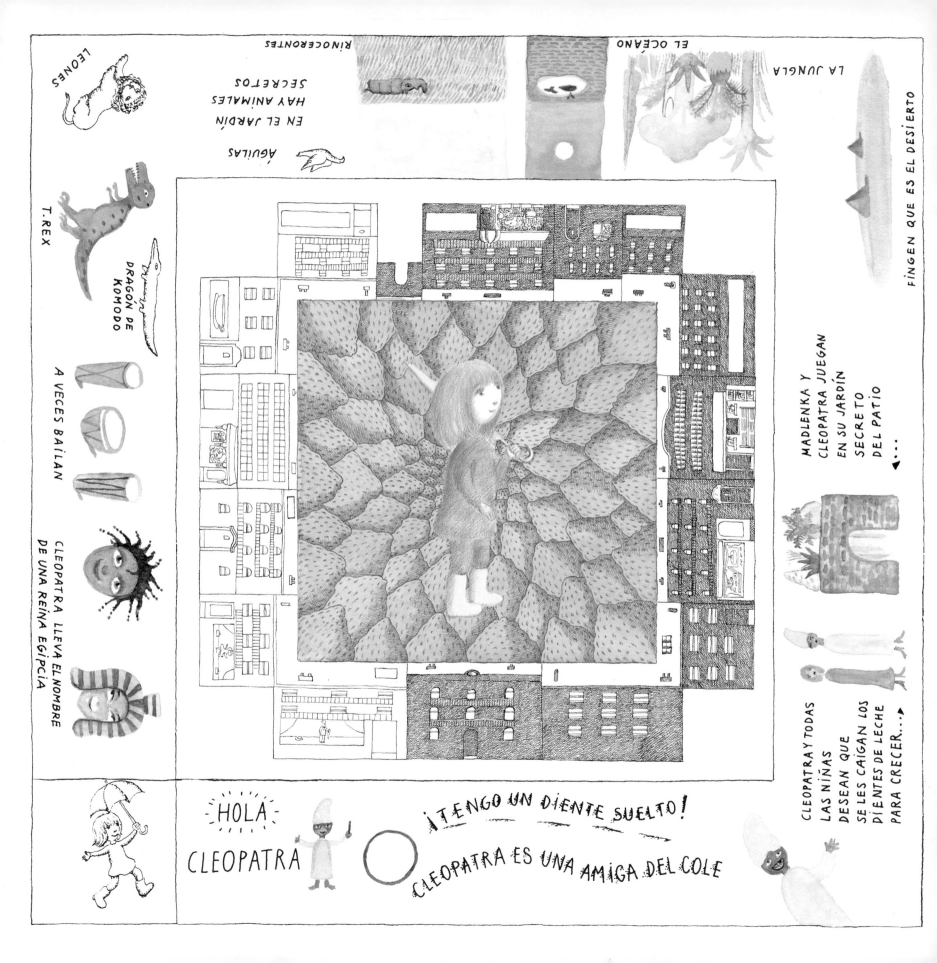

LEONES

RINOCERONTES

EL OCÉANO

LA JUNGLA

EN EL JARDÍN
HAY ANIMALES
SECRETOS

ÁGUILAS

FINGEN QUE ES EL DESIERTO

T. REX

DRAGÓN DE
KOMODO

A VECES BAILAN

CLEOPATRA, LLEVA EL NOMBRE
DE UNA REINA EGIPCIA

MADLENKA Y
CLEOPATRA JUEGAN
EN SU JARDÍN
SECRETO
DEL PATIO
◄····

CLEOPATRA Y TODAS
LAS NIÑAS
DESEAN QUE
SE LES CAIGAN LOS
DIENTES DE LECHE
PARA CRECER...►

HOLA

CLEOPATRA

¡TENGO UN DIENTE SUELTO!

CLEOPATRA ES UNA AMIGA DEL COLE

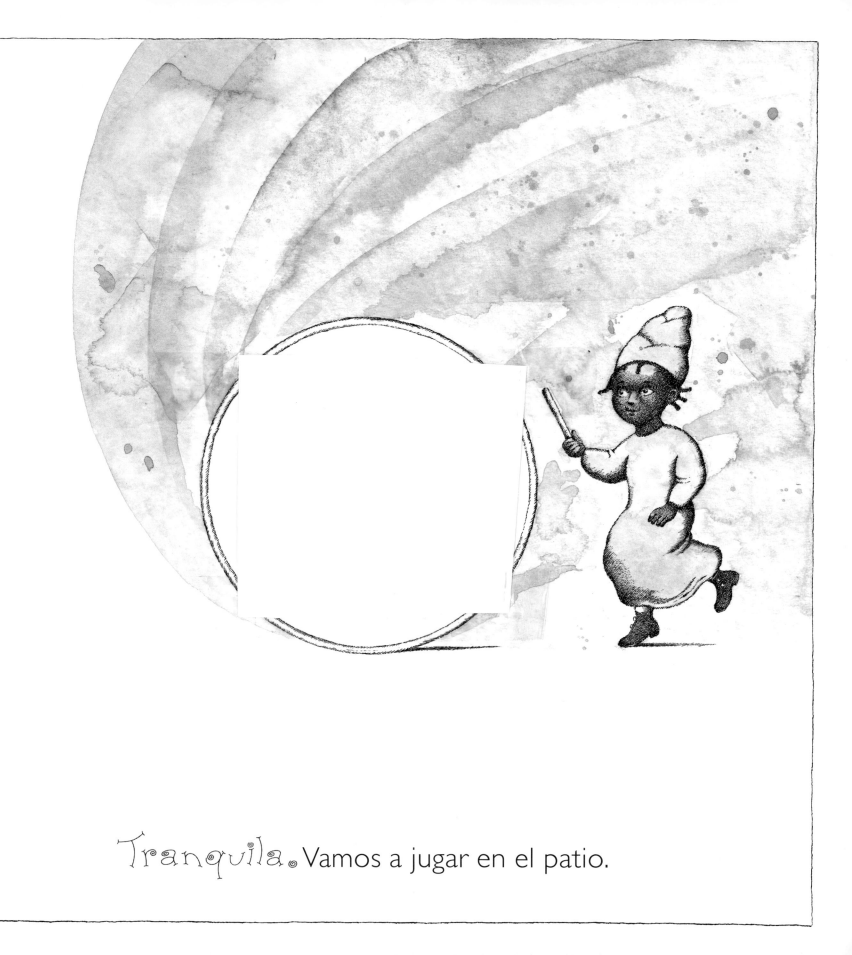

Tranquila. Vamos a jugar en el patio.

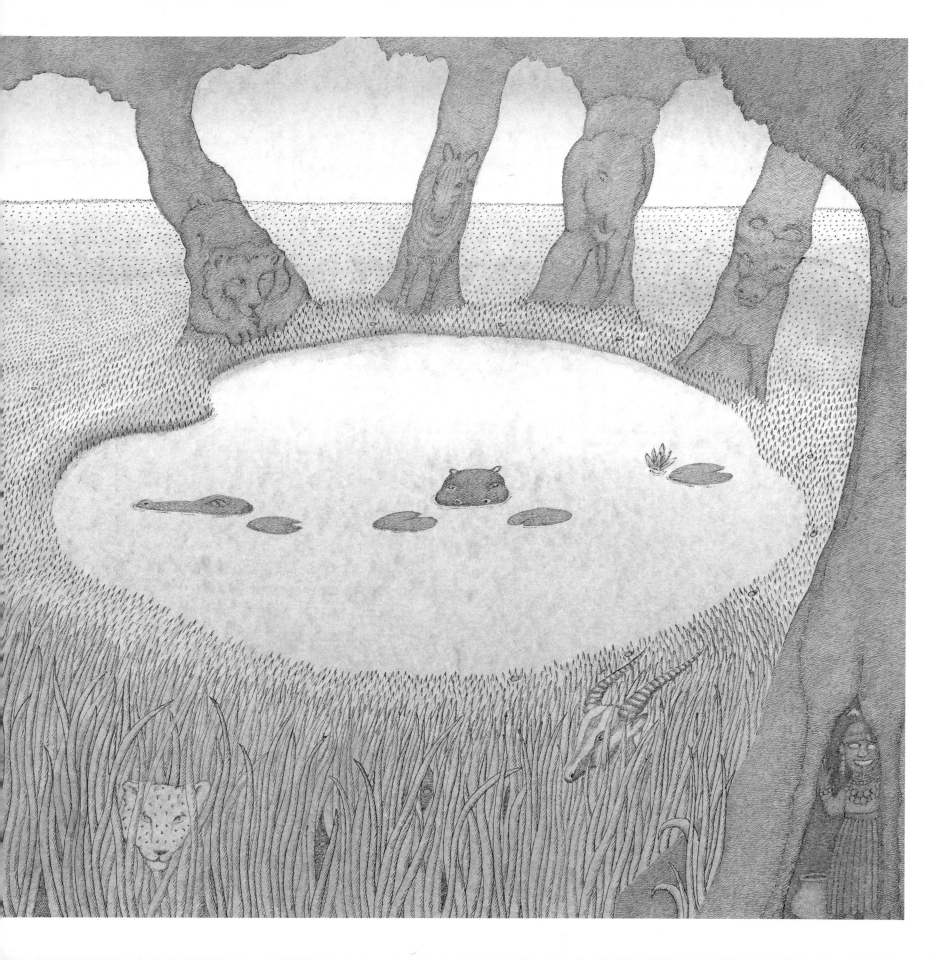

¿A quién más se lo puede decir?

¡Ah! La señora Kham tiene que saberlo.

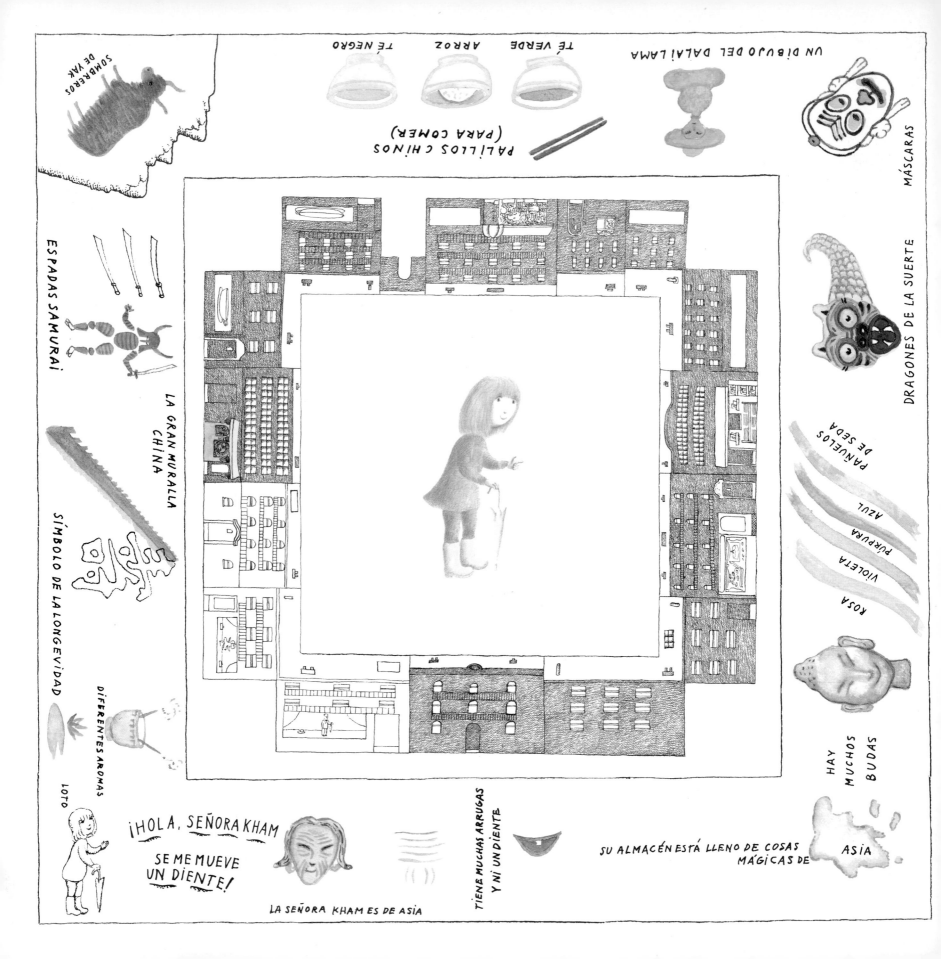

SOMBREROS DE YAK

TÉ NEGRO

ARROZ

TÉ VERDE

UN DIBUJO DEL DALÁI LAMA

PALILLOS CHINOS (PARA COMER)

MÁSCARAS

ESPADAS SAMURÁI

DRAGONES DE LA SUERTE

LA GRAN MURALLA CHINA

PAÑUELOS DE SEDA

AZUL

PÚRPURA

VIOLETA

ROSA

SÍMBOLO DE LA LONGEVIDAD

HAY MUCHOS BUDAS

DIFERENTES AROMAS

LOTO

¡HOLA, SEÑORA KHAM

SE ME MUEVE UN DIENTE!

TIENE MUCHAS ARRUGAS Y NI UN DIENTE

SU ALMACÉN ESTÁ LLENO DE COSAS MÁGICAS DE

ASIA

LA SEÑORA KHAM ES DE ASIA

Tashi delek, Mandala. Señal de buena fortuna.

¡Oh, no! Llego tarde.

¡Madlenka! ¿Dónde has estado?

Bueno… he dado la vuelta al mundo.

¡Y se me ha caído el diente!

PARA TERRY-MADELEINE-MATEJ-TODOS NACIDOS EN NUEVA YORK

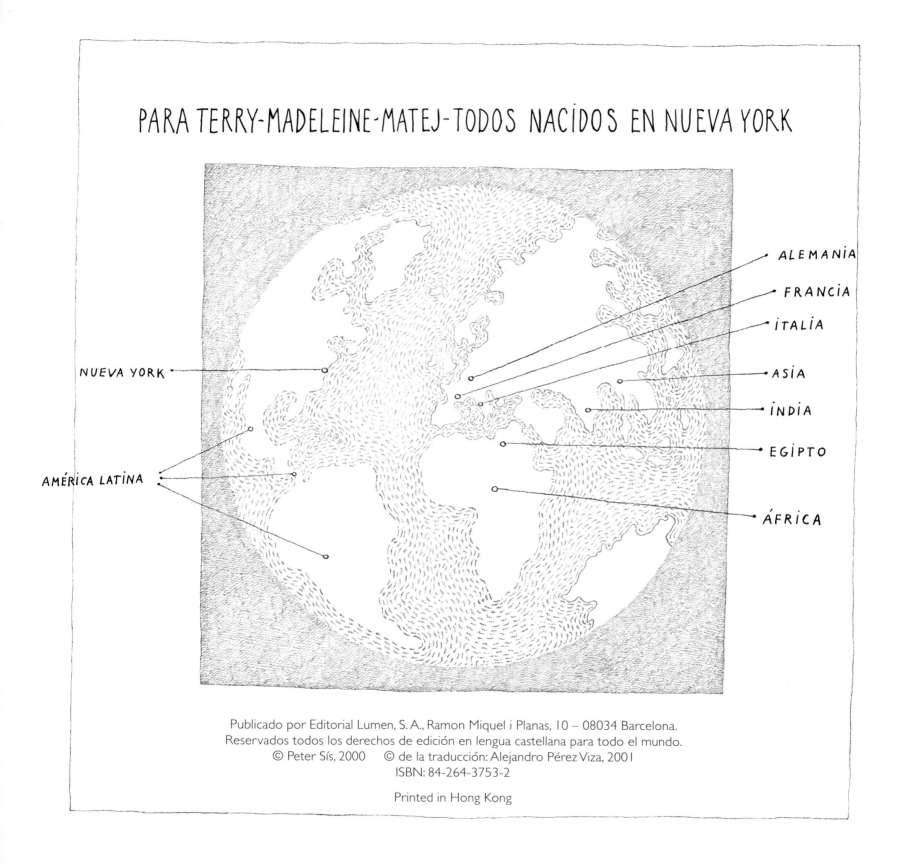

Publicado por Editorial Lumen, S. A., Ramon Miquel i Planas, 10 – 08034 Barcelona.
Reservados todos los derechos de edición en lengua castellana para todo el mundo.
© Peter Sís, 2000   © de la traducción: Alejandro Pérez Viza, 2001
ISBN: 84-264-3753-2

Printed in Hong Kong

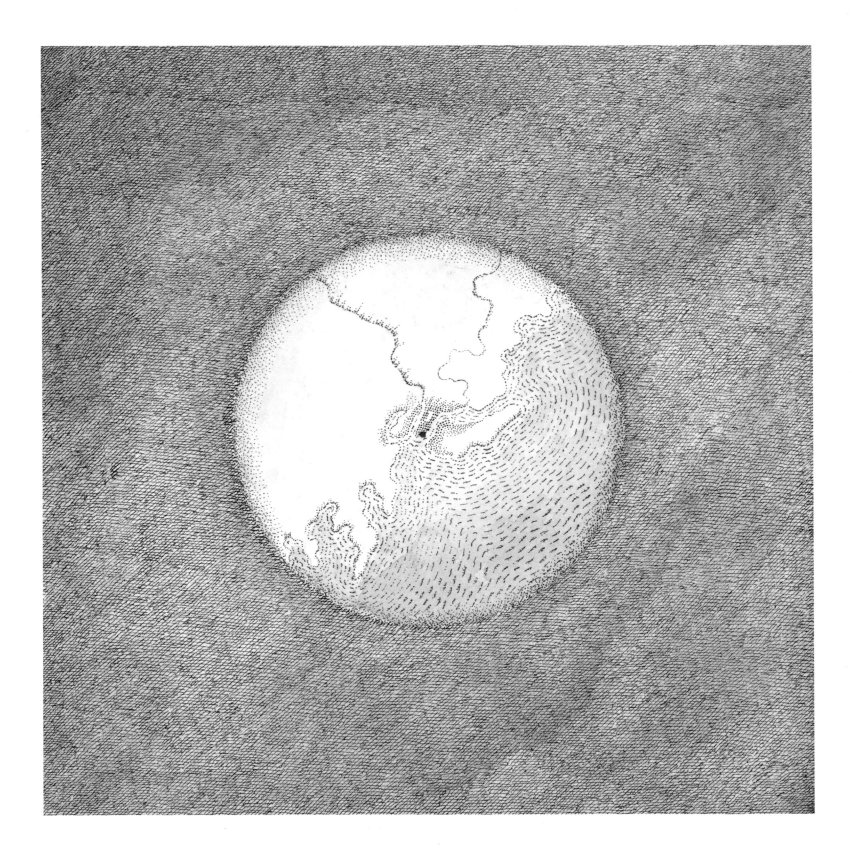